少林武术精粹系列丛书

少林拳（十七）

德虔　德炎　编著

北京体育大学出版社

责任编辑：姜艳艳
责任校对：赵红霞
版式设计：李　鹤

图书在版编目（CIP）数据

少林拳. 十七 / 德虔, 德炎编著. -- 北京 : 北京体育大学出版社, 2022.1
（少林武术精粹系列丛书）
ISBN 978-7-5644-3579-0

Ⅰ. ①少… Ⅱ. ①德… ②德… Ⅲ. ①少林拳－套路(武术) Ⅳ. ①G852.15

中国版本图书馆CIP数据核字(2022)第007598号

少林拳（十七）
SHAOLINQUAN(SHIQI)　　德虔　德炎　编著

出版发行：北京体育大学出版社
地　　址：北京海淀区农大南路1号院2号楼2层办公B-212
邮　　编：100084
网　　址：http://cbs.bsu.edu.cn
发 行 部：010-62989320
邮 购 部：北京体育大学出版社读者服务部 010-62989432
印　　刷：北京昌联印刷有限公司
开　　本：880mm × 1230mm　1/32
成品尺寸：148mm × 210mm
印　　张：1.75
字　　数：35千字
版　　次：2022年1月第1版
印　　次：2022年1月第1次印刷
定　　价：10.00元

（本书如有印装质量问题，请与出版社联系调换）

前　言

武术作为中国的国粹，是中华民族传统文化的组成部分。家喻户晓的少林武术便是其中极具代表性的门类，是中国武术的重要象征。

我社与少林武术结缘已久，伴随着时光的流逝，有多种内容、多样组合、各种形式的载有少林武术的出版物，源源不断地从我社注入市场，为方兴未艾的少林武术热潮平添了更高的热度。可以说，少林武术图书一直与我社相伴相随，成为我社具有长期出版价值的图书门类。其中，少林武术图书的编纂者——已故的王长青（法号释德虔）先生功不可没。他经年累月锲而不舍，寻于寺院、觅于乡间，挖掘出大量尘封的少林武术资料，继而分门别类梳理、整饬成一册册书稿，并与我社携手努力，打造出独树一帜的武术图书板块，为我社的武术图书出版打开了新局面。

今天，在着力弘扬中华优秀传统文化，树立和增强文化自信的大背景下，我社将以往出版的少林武术书籍重新进行了编排，以全新的面貌推出“少林武术精粹系列丛书”，这是我社多年来少林武术出版情结的延续，是对积累和沉淀的少林武术资源的再一次整合与展示，更紧密契合了时代的要求。

通过这套书，读者可以研习刚柔相济、闪转腾挪的少林功夫，可以感悟其中凝结的中华智慧，可以领略武术文化的博大精深……这便是我社对这套书出版价值的期待。

目　录

少林五合拳

动作名称

预备势
1.举旗观望
2.出势跨虎
3.黑虎拦门脚
4.勾跟带腿
5.旋风脚
6.左右龙摆尾
7.合掌飞摆莲
8.弯弓射雁
9.左右扑地
10.护膝三掌
11.左右二起脚
12.合掌飞摆莲
13.关公勒马
14.白鹤亮翅
15.恶虎扑食
16.大鹏展翅
17.鲸鱼合口
18.虚步跨鞍
19.白蛇吐信
20.豹子扣爪
21.单采脚
22.老虎坐洞
23.紫燕钻云
24.雁落平沙
25.独立撒沙
26.地下勾连剪
27.仙卷银席
28.紫燕钻云
29.旋风脚
30.左右龙摆尾
31.合掌飞樱莲
32.关公勒马
33.织女耍剪
34.罗汉张口
35.十字手
收　势

动作图解

预备势

脚立八字，身体挺直；两臂下垂，两掌心向内，掌指向下；目视正前方。（图1）

1.举旗观望

右脚向右稍跨一步，左脚移于右脚前半步；右掌由下向上举于右上方，掌心斜向前，掌指斜向上，左臂屈肘，左掌护于腹前，掌心向内，掌指向右；目视前方。（图2）

2.出势跨虎

两脚原地不动，两腿屈膝成左虚步；右掌由上向内向下再向外向上画弧横架于头上右前方，掌心斜向上，掌指向左，左掌变勾手，由腹前向上向外甩于左侧后下方，勾尖向上；目视前方。（图3）

图 1

图 2

图 3

3.黑虎拦门脚

右腿不动，左腿由下向上弹踢；右掌由上向下拍击左脚面，左手动作不变；目视右掌。（图4）

4.勾跟带腿

左脚落于右脚左侧半步，两脚踝地，身体向左转90度，速抬右腿向前方勾踢；左勾手变掌由左向右拍击右脚掌内侧，右掌外展于右侧后上方，掌心向右，掌指斜向上；目视右脚。（图5）

动作不停，右脚在左脚前方一步落地，以右脚为轴踝地，速抬左脚向左后踹蹬，身体向左转90度；右掌由右向左拍击左脚掌内侧，左掌外展于左侧上方，掌心向前，掌指斜向右；目视右侧。（图6）

图 4

图 5

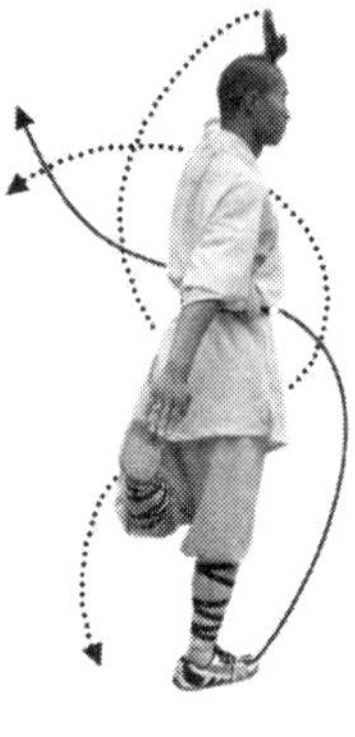

图 6

5.旋风脚

左脚不落地，速抬右脚向左旋踢，身体向左转90度；当全身腾空时，速出左掌由左向右拍击右脚掌内侧，右掌伸向右侧上方，掌

心向外，掌指斜向上；目视右脚。（图7）

6.左右龙摆尾

两脚落地，速抬左脚向左后踹蹬；右掌下落，由右向左拍击左脚掌内侧，左掌外展于左侧上方，掌心向外，掌指斜向上；目视右掌。（图8）

动作不停，左脚不落地，抬右脚向右弹摆，身体向右转180度；左掌由上向下拍击左脚掌，右掌挑撩于右侧上方，掌心向前，掌指斜向上；目视前方。（图9）

图 7

图 8

图 9

7.合掌飞摆莲

左脚不落地，两掌在胸前鸣掌；右脚离地向右弹摆，身体向右转180度，出两掌由右向左拍击右脚面；目视右脚。（图10）

8.弯弓射雁

左脚不动，右脚在左脚后一步落地，两脚蹍地，身体向右转90

度，屈膝成右弓步；两掌下落于胸前交合后，向前后推拉，左掌心向前，掌指向上，推于左侧前方；右掌由前向后拉，右臂屈肘护于右肋前侧，掌心向前，掌指向上；目视左掌。（图11）

图 10

图 11

9.左右扑地

两脚原地不动，右腿屈膝全蹲成左仆步；两掌在胸前交叉画弧后触地，右掌在内，左掌在外；目视两掌。（图12）

动作不停，两脚蹍地，左腿屈膝全蹲，重心左移，成右仆步；两掌在胸前向右画弧一周后，在胸前交合按地，左掌在内，右掌在外；目视两掌。（图13）

图 12

图 13

10.护膝三掌

起身，两脚蹍地，身体向右转90度，左腿向前提起；右掌拍击左膝，左掌甩于左后方，掌心向后，掌指斜向下；目视前方。（图14）

动作不停，左脚在前方落地，右腿向前提起；左掌由后向前下方拍击右膝，右掌后甩于右后方，掌心向下，掌指斜向后；目视前方。（图15）

接上动作，右脚在前一步落地，左腿向前提起；左掌再拍击左膝，右掌甩于右后方，掌心斜向后，掌指斜向上；目视前方。（图16）

图 14

图 15

图 16

11.左右二起脚

接上动作，左脚不落地，右腿向前上方弹踢；当全身腾空时，出右掌拍击右脚面，左掌变勾手后架于左侧后上方，勾尖向下；目视右掌。（图17）

动作不停，右脚不落地，左腿速向前上方弹踢，左勾手变掌由

后向前拍击左脚面，右掌变勾手展于右侧后上方，勾尖向下；目视左掌。（图18）

图 17

图 18

12.合掌飞摆莲

左脚不落地，右脚落地，以右脚为轴蹬地向右踢转；右勾手变掌，两臂屈肘，两掌在胸前鸣掌；右脚抬起向右弹摆，身体向右转360度；当全身腾空时，速出两掌，由右向左拍击右脚面；目视右脚。（图19）

13.关公勒马

左脚落地，右脚在左脚前一步落地，两脚迅速踢地，身体向左转90度；左掌迅速向前推击成正立掌，掌心向前，掌指向上；右臂屈肘，右掌立于右肋外侧，掌心向前，掌指向上；目视左掌。（图20）

图 19

图 20

14.白鹤亮翅

抬右脚内收震脚，速提左腿成独立势；右掌由右向上向内再向下向外向上画弧，横架于头上前方，掌心向前，掌指斜向左；同时左掌由前向下内收再向上向外画弧，屈肘护于左膝之上；目视左前方。（图21）

15.恶虎扑食

左脚向左侧一步下落，两脚踙地，身体向左转90度，右腿屈膝成左虚步；同时右掌由上向前下方劈掌，掌心向左，掌指向前，左掌后展于左侧上方，掌心向左，掌指斜向上；目视右掌。（图22）

图 21

图 22

16.大鹏展翅

右脚前移，震脚、屈膝，左脚再前移成左虚步；右掌由前向上向后再向下抡转穿挑于前上方，左掌由后向下向前抡转展于左后上方，两掌心向外，掌指向上；目视右掌。（图23）

17.鲸鱼合口

两脚踉地，身体向右转180度，速向前提左腿；两臂屈肘，两掌在胸前鸣掌；目视前方。（图24）

动作不停，左脚不落地，右腿向前上方弹踢；当全身腾空时，速出右掌拍击右脚面，左掌变勾手后勾于左侧后上方，勾尖向下；目视右脚。（图25）

图 23

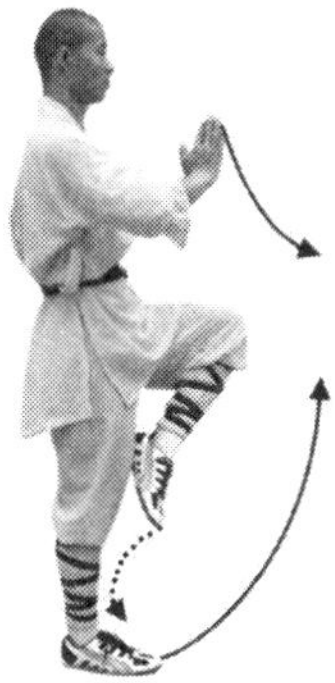

图 24

图 25

18.虚步跨鞍

左脚着地，右脚落在左脚后半步，屈膝成左虚步；两臂屈肘，右掌由前上方展于身后右侧，掌心斜向外，掌指向上，左勾手变掌挑于前方，掌心向外，掌指向上；目视前方。（图26）

19.白蛇吐信

右脚向前上一步，两脚踉地，身体向左转180度，右腿屈膝，收左脚成左虚步；同时左掌变勾手由前向后甩于身后左侧，勾尖向上，右手变金剪指由右后方向前猛力点刺，手心向下；目视右指。（图27）

图 26

图 27

20.豹子扣爪

左脚跟落地，速抬右脚向前方蹬踢；左勾手变掌由左向右拍击右脚掌内侧，右手金剪指变掌展撩于右侧后上方，掌心向右，掌指斜向上；目视右脚。（图28）

动作不停，右脚落地，左腿速抬起向前方蹬踢，右掌由右向左拍击左脚掌内侧，左掌展撩于左侧后上方，掌心向左，掌指斜向上；目视左脚。（图29）

图 28

图 29

21.单采脚

左脚在身体前方半步落地，速抬右腿向前方弹踢；右掌拍击右脚面，左掌展于左侧后上方，掌心向左，掌指向上；目视右脚。（图30）

22.老虎坐洞

接上动作，右脚在前方一步落地，两脚踝地，身体向左转90度，抬左脚落于右脚后外侧半步，两腿屈膝全蹲成歇步；同时右掌变拳向右侧下方猛力栽击，拳心向内，左掌横架于头上前方，掌心向上，掌指向右；目视右拳。（图31）

图 30

图 31

23.紫燕钻云

起身，两脚踝地，身体向左转90度，抬左腿向前方弹踢；速出左掌拍击左脚面，右拳变勾手勾于身体右侧后上方，勾尖向下；目视左脚。（图32）

动作不停，左脚不落地，速抬右腿向前上方弹踢；当全身腾空时，右勾手迅速变掌由后向前向下拍击右脚面，左掌变勾手勾于身体左侧后上方，勾尖向下；目视右脚。（图33）

图 32

图 33

24.雁落平沙

左脚落地，右脚在左脚前一步落地，两脚踉地，身体向左转90度，左腿屈膝全蹲成右仆步；右掌由上向下在身前下按扑地，掌指斜向左，左勾手变掌，横架于头前上方，掌心斜向前，掌指向右；目视右侧。（图34）

25.独立撒沙

起身，右脚不动，速提左腿成独立势；右掌向右侧推出，掌心向外，掌指向上，左掌展于左侧，掌心向外，掌指向上；目视右掌。（图35）

图 34

图 35

26.地下勾连剪

左脚不落地，右脚跳起，左腿屈膝，右腿伸直，向左侧地下放勾剪腿；同时两臂也随放剪的动作，迅速屈肘扑地，两掌落于右肋侧下方地面上，掌指向前；目视前下方。（图36）

动作不停，左腿蹬直，右腿收回屈膝成左仆步；两掌收按于右脚两侧，掌指斜向前；目视前下方。（图37）

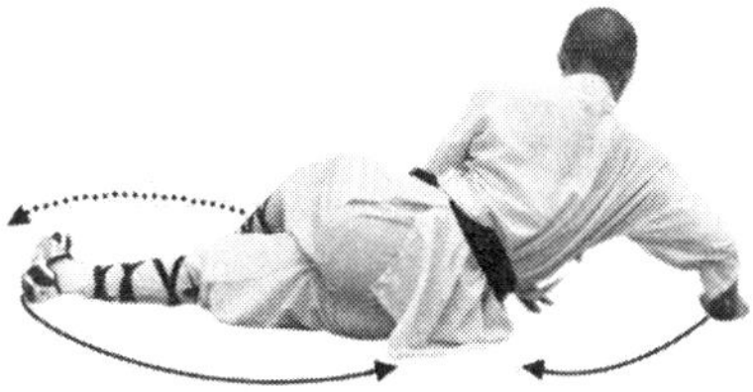

图 36

图 37

27.仙卷银席

起身，两脚踞地，身体向左转90度，右脚向前一步落于左脚前

方，两腿屈膝，右脚跟离地，身体向前倾；两掌变拳，两臂屈肘，两拳护于前下方，拳心向内；目视前下方。（图38）

动作不停，右肩头前栽，贴地滚翻270度，左脚屈膝着地，右脚屈膝上挑；两臂屈肘，两拳护于胸前，拳心斜向内；目视右脚前方。（图39）

图 38

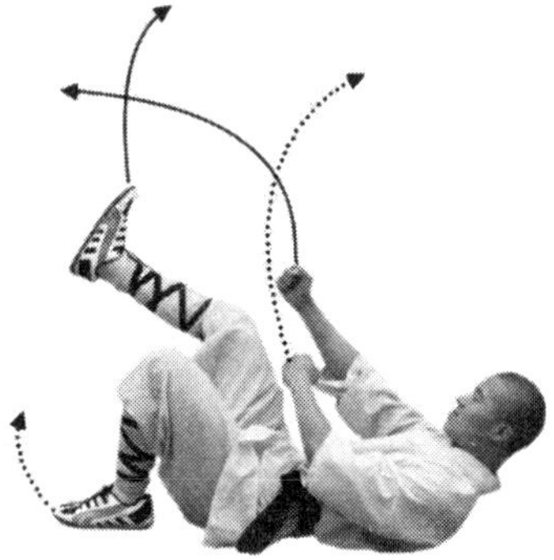

图 39

28.紫燕钻云

速滚90度起身，两脚弹跳，右腿向前上方弹踢；当全身腾空时，右拳变掌向前向下拍击右脚面，左拳变勾手后架于身体左侧后上方，勾尖向下；目视右脚。（图40）

29.旋风脚

两脚前后落地，再迅速跳起，左脚向左旋踢，身体向左转180度；当全身腾空时，左勾手变掌由左向右拍击右脚掌内侧，右掌展于右侧后上方，掌心斜向右，掌指斜向上；目视右脚。（图41）

图 40

图 41

30.左右龙摆尾

两脚落地踮地，身体向左转90度，速抬左腿向右后踹蹬；右掌向后拍击左脚掌外侧，左掌架于头上前方，掌心斜向前，掌指斜向右；目视右掌。（图42）

动作不停，左脚不落地，以右脚为轴踮地，身体向右转90度；左掌由上向左下方拍击左脚掌外侧，右掌上架于头上前方，掌心向前，掌指斜向左；目视左掌。（图43）

图 42

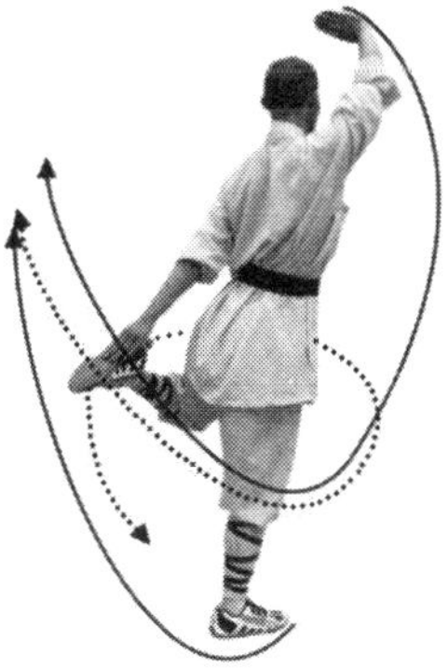
图 43

31.合掌飞樱莲

左脚不落地，抬右腿向右上方弹摆，身体向右转180度；当全身腾空时，速出两掌由右向左拍击右脚面；目视右脚。（图44）

32.关公勒马

左脚着地，右脚在左脚前一步落下，两脚踝地，身体向左转90度，右腿屈膝成右弓步；两臂屈肘，两掌下落于胸前，左掌向左前方推出成立掌，掌心向前，掌指向上；右臂屈肘，右掌立于右肋外侧，掌心斜向上，掌指斜向下；目视左掌。（图45）

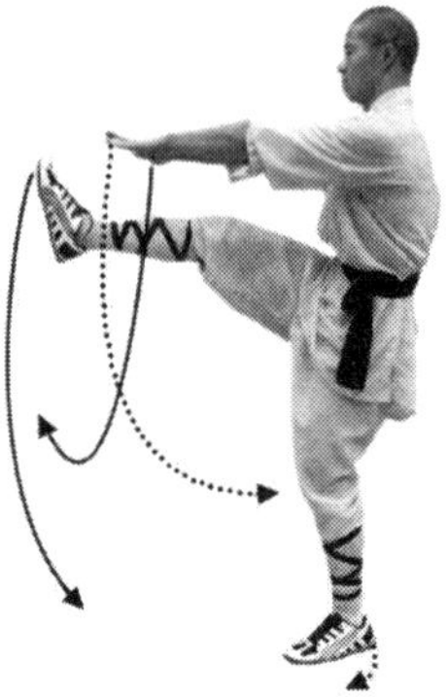

图 44

图 45

33.织女耍剪

两脚踝地，身体向左转90度，右脚上一步落于左脚前，左腿屈膝成右虚步；右掌由后向前下方盖压，左掌反腕，两掌在胸前交合，两臂交叉，左掌在下，右掌在上；目视两掌。（图46）

动作不停，右脚后撤一步，落于左脚内侧稍后半步，两脚踝

地，身体向右转90度，屈膝成右弓步；两掌在胸前向右翻转交叉，左掌在上，右掌在下，两掌心向下；目视前方。（图47）

动作不停，左脚向前移到右脚前半步，成左虚步；右掌由下向外再向上横架于头上前方，掌心斜向上，掌指斜向左，左掌变勾手勾于身后左侧，勾尖向上；目视左前方。（图48）

图 46

图 47

图 48

34.罗汉张口

左脚撤步和右脚并拢，身体向左转90度，身体立正站立；左勾手变掌前穿，与右掌在胸前交合画弧后，右掌上架于头上前方，掌心斜向前，掌指向左，左臂屈肘，左掌端于腹前，掌心向下，掌指向右；目视前方。（图49）

35.十字手

两脚不动；两掌向外画弧再向内向上护于胸前，十字交叉，左掌在内，右掌在外，两掌心斜向外，掌指斜向上；目视前方。（图50）

图 49

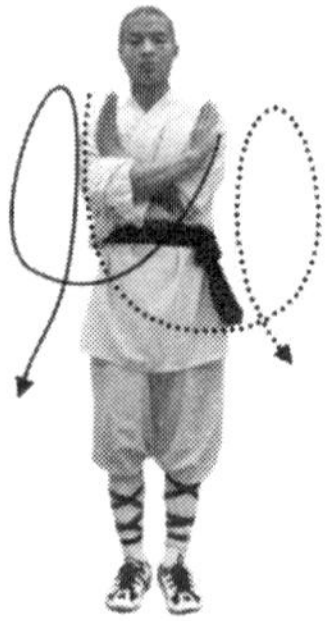

图 50

收　势

两脚不动；两手由上向两侧下落再向上画弧后下落于两胯外侧，掌心向内，掌指向下；目视前方。（图51）

图 51

二路少林五合拳

动作名称

预备势
1.举旗观望
2.出势跨虎
3.扑地锦（大鹏啄食或扑腿穿掌）
4.跃步单鞭
5.哪吒搅海
6.八步赶铲
7.二起脚
8.顺水推舟
9.仙人转影
10.跳步打虎
11.怀中窝里炮
12.翻身扑地打虎
13.半扫腿
14.飞身勾连剪
15.扫蹚腿
16.骑马势侧推掌
17.玉环步打捶
18.前后蹬腿
19.单掌托喉
20.独立斜冲拳
21.天鹅下蛋
22.展翅弹踢
23.连环劈双掌
24.紫雁三抄水
25.白蛇吐信
26、27.二龙戏珠
28.仙人甩袖
29.追蛇入洞
30.左右推雪
31.燕子啄食
32.并步吞袖捶
33.闪转运掌
34.天王抱琵琶
35.回身劈玉砖
36.敞门三踢腿
37.二起脚
38.金鸡残穴
39.海底偷桃
40.勒马按拳
41.探海取珠
42.摆莲回身插掌
43.左右甩袖
44.罗汉十字手
收　势

动作图解

预备势

脚立八字，身体挺直；两臂下垂，两掌心向内，掌指向下；目视正前方。（图1）

1.举旗观望

右脚向右稍跨一步，左脚移于右脚前半步；右掌由下向上举于右上方，掌心斜向前，掌指斜向上，左臂屈肘，左掌护于胸前，掌心向内，掌指斜向上；目视前方。（图2）

2.出势跨虎

两脚原地不动，两腿屈膝成左虚步；右掌由上向内向下再向外向上画弧横架于头上右前方，掌心斜向上，掌指向左，左掌变勾手，由腹前向上向外甩于左侧后下方，勾尖向上；目视前方。（图3）

图 1

图 2

图 3

3.扑地锦（大鹏啄食或扑腿穿掌）

两脚同时向左跳移，左腿伸直，右腿屈膝全蹲成左仆步；左勾手变掌向左脚上方穿护，掌心向前，掌指斜向下，右掌变勾手架于身后右侧上方，勾尖向下；目视左掌。（图4）

4.跃步单鞭

起身，两脚踹地，身体向左转90度，左腿屈膝成左弓步；右勾手变掌由后向前猛力推击，掌心向前，掌指向上，左掌由前向后展于左侧后方，掌心斜向后，掌指斜向上；目视右掌。（图5）

图 4

图 5

5.哪吒搅海

左脚后撤半步，右腿向前提起成独立势；左掌由后向下向前抡转挑撩于左侧前方，掌心向前，掌指向上，右掌由前向上向后方抡臂于身后右上方，掌心向后，掌指向上；目视左掌。（图6）

动作不停，右脚向后半步落地，左腿向前提起成独立势；左掌

变勾手由前向上向后勾于左侧后上方，勾尖向下，右掌由后向下再向前挑撩，掌心向前，掌指向上；目视右掌。（图7）

图 6

图 7

6.八步赶铲

左脚上前一步落地，右腿向前抬起成独立势；左勾手变掌由后向下向前方挑撩抡转，掌心向前，掌指向上，右掌由前向上向后轮劈，掌心向后，掌指向上；目视左掌。（图8）

动作不停，右脚上前一步落地，左脚抬起；右掌由后向下向前挑撩抡转，掌心向前，掌指向上，左掌由前向上向后抡劈，掌心斜向后，掌指斜向上；目视右掌。（图9）

图 8

图 9

7.二起脚

动作不停，左脚不落地，迅速抬右腿向前上方弹踢；当全身腾空时，速出右掌拍击右脚面，左掌变勾手后架于左侧后上方，勾尖向下；目视右脚。（图10）

8.顺水推舟

两脚前后落地、踉地，身体向左转90度，右脚移向左脚外侧半步成叉步；左勾手变掌，两掌由身前向右摆挑，再向上在身前画弧一圈，之后推向右侧，两掌心向右，掌指向上；目视右掌。（图11）

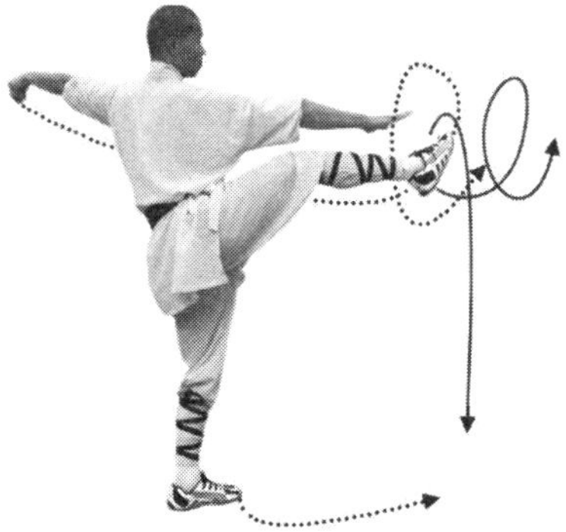

图 10

图 11

9.仙人转影

两脚踝地，身体向左转270度，速抬右腿成独立势；左掌由后向前推击成立掌，掌心向前，掌指斜向上，右臂屈肘，右掌立于右肋前侧，掌心向前，掌指向下；目视左掌。（图12）

动作不停，右脚上前一步落地，速向前提起左腿成独立势；右掌向前猛推，左臂屈肘，左掌立于左肋前侧，两掌心向前，掌指斜向上；目视右掌。（图13）

图 12

图 13

10.跳步打虎

左脚在右脚前落地，两脚跳起，左前右后着地，左腿屈膝成左弓步；两掌变拳，右拳由胸前向前下方冲击，拳心向左，左拳向左前上方冲击，拳心向右；目视前方。（图14）

图 14

11.怀中窝里炮

两脚踉地，身体向右转90度，两腿屈膝成马步；左拳由上下落向左侧猛击，拳心向下，右臂屈肘，右拳收抱于右肋旁，拳心向上；目视左拳。（图15）

动作不停，两脚向前移半步踉地，身体向左转90度，屈膝成左弓步；右拳前冲，拳心向下，左拳收于左肋前侧，拳心向上；目视右拳。（图16）

图 15

图 16

12.翻身扑地打虎

两脚旋跳，身体右转270度，两脚落地成左仆步；两拳变掌，左掌由上向下扑地，掌心向下，掌指向右，右掌横架于头上前方，掌心向前，掌指斜向左；目视左前方。（图17）

13.半扫腿

重心移于左腿，右腿伸直向左扫腿半圈，身体向左转180度；两掌扶地；目视右侧。（图18）

图 17

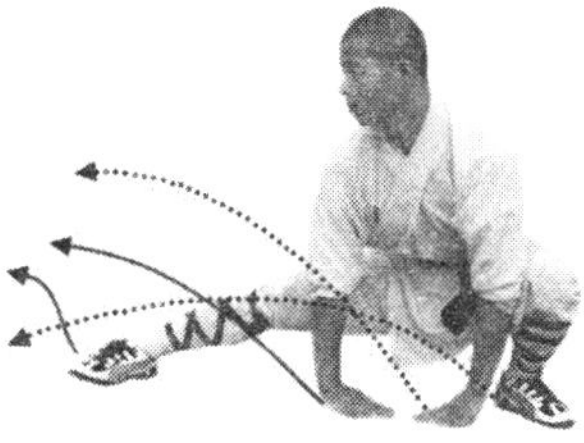

图 18

14.飞身勾连剪

两脚跳起，身体向右转180度，向右侧落地，右腿伸直，左腿屈膝放于右腿前；两手扶地于右肋下，掌心向下，掌指向前；目视左侧。（图19）

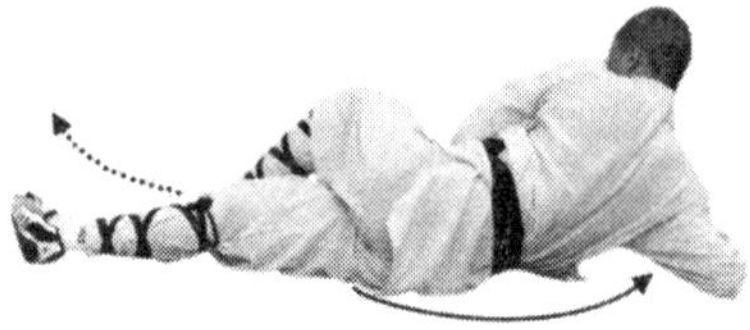

图 19

15.扫蹚腿

动作不停，左腿猛伸，左脚一蹬，右腿迅速收回成左仆步；两掌扶地，掌心向下，掌指相对；目视左前方。（图20）

动作不停，左腿稍向里收，重心移于左腿，以左脚为轴，右腿伸直向左扫腿，身体向左转身180度，左腿全蹲成右仆步，两掌扶地；目视右侧。（图21）

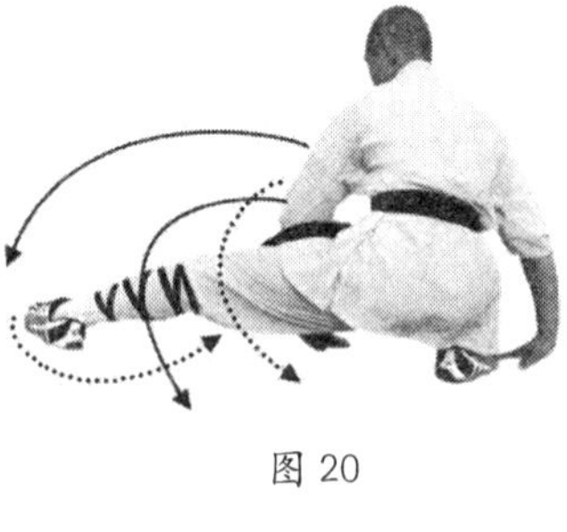

图 20

图 21

16.骑马势侧推掌

动作不停，右腿继续向左扫腿，以左脚为轴，身体再向左转180度，起身，两腿屈膝成马步；两掌变拳，由胸前向两侧推击，拳心向外；目视前方。（图22）

17.玉环步打捶

两脚向左侧移步，两腿屈膝成玉环步；右拳向右前下方冲击，拳心向左，左拳横架于头上前方，拳心向右；目视前方。（图23）

动作不停，两脚蹍地，身体向右转180度，两脚同时各前进一步，两腿屈膝成玉环步；左拳由左向右前下方冲击，拳心向右，右拳横架于头上前方，拳心向外；目视前方。（图24）

动作不停，左脚向前一步，右脚上步落于左脚后内侧半步，两腿屈膝成玉环步；右拳由右向左侧冲击，拳心向左，左拳横架于胸前方，拳心向右；目视前方。（图25）

图 22

图 23

图 24

图 25

18.前后蹬腿

右脚上前半步，抬左腿向前上方蹬踢；右拳上架于头上前方，拳心向外，左臂屈肘，左拳抱右肋外侧，拳心向内；目视左脚。（图26）

左脚落地，两脚蹍地，身体向右转180度，抬右腿向前蹬踢，左拳上架于头上前方，拳心向外，右臂屈肘，右拳抱于左肋外侧，拳心向内；目视右脚。（图27）

图 26

图 27

19.单掌托喉

右脚在前方半步落地，向前抬左腿；两拳变掌，右掌向右上方平穿，掌心向上，掌指向右，左臂屈肘，左掌平端于左肋前侧，掌心向上，掌指向右；目视右掌。（图28）

动作不停，左脚在右脚前一步落地，向前提右腿；左掌向前穿击，掌心向右，掌指向前，右臂屈肘，右掌平端于右肋前侧，掌心向上，掌指向前；目视左掌。（图29）

图 28

图 29

20.独立斜冲拳

右脚前上一步，身体向左转90度，迅速提左脚成独立势；两掌变拳，右拳由下向上冲至右侧斜上方，拳心向前，左臂屈肘，左拳护于右肋前侧，拳心向内；目视右拳。（图30）

21.天鹅下蛋

左脚向左横跨一步，两脚迅速踉地，身体向左转体90度，左腿屈膝成左弓步；右拳由上向前下方砸击，拳心斜向下，左臂在胸前屈肘，左拳向上迎接右拳，拳心向下，两前臂在胸前交叉；目视右拳。（图31）

图 30

图 31

22.展翅弹踢

右脚向前上半步，抬左腿向前方弹踢；两拳变掌，向上向右旋腕画弧向下再向左屈肘拨打，两掌心向下，掌指斜向前；目视左脚。（图32）

动作不停，左脚在右腿前方一步落地，抬右腿向前弹踢，两掌由左向右向上旋腕画弧再向右屈肘拨打，两掌心斜向右，掌指斜向前；目视右脚。（图33）

动作不停，右脚在左脚前一步落地，速抬左腿向前蹬踢；两掌变拳，右拳向上横架于头上前方，拳心向外，左拳护于右肋前侧，拳心向内；目视左脚。（图34）

图 32

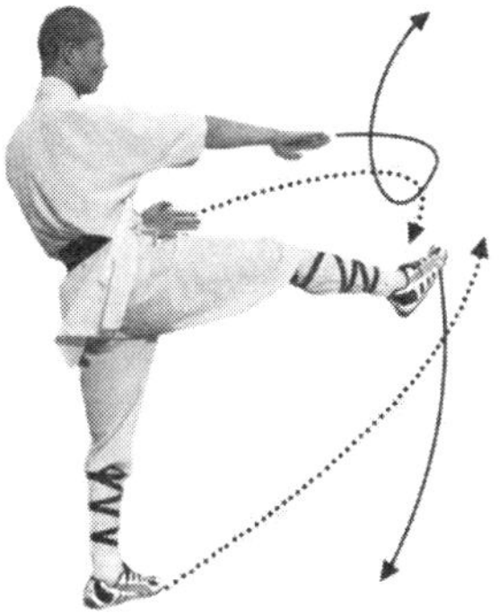

图 33

图 34

23.连环劈双掌

左脚在右脚前一步落地，屈膝成左弓步；两拳变掌，向前下方抡劈，右掌劈于前下方，掌心向左，掌指斜向下，左掌展于身后左上方，掌心向左，掌指斜向上；目视右掌（图35）。

动作不停，抬右脚落于左脚前一步，屈膝成右弓步；左掌反腕由后向前下方抡劈，掌心斜向右，掌指斜向上，右掌展于右后上

方，掌心斜向右，掌指斜向上；目视左掌。（图36）

图 35

图 36

24.紫雁三抄水

两脚踝地，身体向左转180度，左腿屈膝成左弓步；在身体转动的同时，右掌随之由右向左前方抄挑，掌心向前，掌指向上，左掌由左撩展于左后方，掌心斜向后，掌指斜向上；目视右掌。（图37）

动作不停，两脚向前弹跳一步成左弓步；两掌在左右两侧上下抡转画弧，右掌上架于头前上方，掌心斜向前，掌指斜向上，左掌撩于左前下方，掌心斜向前，掌指斜向下；目视前方。（图38）

图 37

图 38

25.白蛇吐信

两脚蹍地，身体向右转180度，右腿屈膝成右弓步；右掌变金剪指向外画弧拨打后直向前插点，手心向下，二指向前，左臂屈肘，左掌护于左肋外侧，掌心向上，掌指向前；目视右手。（图39）

动作不停，左脚上前一步屈膝成左弓步；左掌变金剪指向内旋腕再向外拨打后直向前插点，手心向下，二指向前，右臂屈肘，右手金剪指变掌护于右肋外侧，掌心向上，掌指向前；日视左手。（图40）

图 39

图 40

26、27.二龙戏珠

右脚上前一大步，屈膝成右弓步；左手变掌，两掌在胸前鸣掌，迅速向前方推开，左掌在上，掌指斜向上，右掌在下，掌指斜向下，两掌心斜向前；目视前方。（图41）

动作不停，两脚踾地，身体向左转180度，两脚向前跳，落地屈左膝成左弓步；同时两掌在胸前鸣掌，迅速在前方推开，右掌在上，掌指斜向上，左掌在下，掌指斜向下，两掌心斜向前；目视前方。（图42）

图 41

图 42

28.仙人甩袖

两脚踾地，身体向右转90度，左脚向右脚并拢，脚尖点地，两腿屈膝成丁字步；两掌由左向右上方甩摆，向上向左画弧后再甩摆于右侧，右臂伸直，左臂屈肘，左掌护于右肋外侧，两掌心向下，掌指向右；目视右掌。（图43）

29.追蛇入洞

两脚踠地，身体向左转90度，双脚离地弹跳向前一大步落地，左腿在前屈膝全蹲，右腿在后屈膝成跪步；两掌变拳，右拳由后向前下方栽击，拳心向左，左臂屈肘，左拳横架于头上前方，拳心斜向下；目视前方。（图44）

图 43

图 44

30.左右推雪

两脚踠地，身体向右转90度，两脚离地向右横跳一大步，左脚先落地，右脚在左脚内侧半步落地，左脚移于右脚后外侧半步，两腿屈膝成歇步；在起跳的同时，两拳变掌，由左向右向上画弧，再向下向右推击，两掌心向右，右掌向右推掌，掌指向上，左臂屈肘，左掌护于左肋外侧，掌指向上；目视右掌。（图45）

动作不停，两脚弹跳离地，向左横跳一大步，右脚先落地，左脚在右脚内侧半步落地，右脚迅速移于左脚后外侧半步；在横跳的同时，两掌由右向左再向上向后画弧，然后向左平推，左掌直臂推击，右臂屈肘，右掌护于左肋外侧，两掌心向左，掌指向上；目视左掌。（图46）

图 45

图 46

31.燕子啄食

两脚起跳，身体向右转180度落地，右腿屈膝成左仆步；左掌由后向前下方盖压于左脚上方，掌心向前，掌指斜向下，右掌变勾手后甩架于右后上方，勾尖向下；目视左掌。（图47）

32.并步吞袖捶

起身，右脚向左脚并拢震脚，屈膝微蹲；右勾手变拳由后向前冲击，拳心向下，左掌封拍右肘后臂，掌指向上，掌心向右；目视右拳。（图48）

图 47

图 48

33.闪转运掌

右脚外展45度，左脚向前一步，屈膝成左弓步；右拳变掌上架于头上右侧后方，掌心向上，掌指向左，左掌向前劈击，掌心向右，掌指斜向上；目视前方。（图49）

34.天王抱琵琶

左脚不动，右脚向前上一步落地，左腿屈膝成右虚步；右掌由后向前向左封拍，掌心向前，掌指向上，左掌向右封拍右肘弯，掌心向肘弯处，掌指向上；目视右掌。（图50）

35.回身劈玉砖

两脚蹍地，身体向左转180度，右腿屈膝下蹲成左仆步；左掌向左脚内侧下劈，掌指斜向下，掌心向前，右掌变勾手后勾于右侧上方，勾尖向下；目视左掌。（图51）

图 49

图 50

图 51

36.敞门三踢腿

起身，右脚上前半步落地，左腿抬起向前方蹬踢；右勾手变掌，两掌收回在胸前交合后，再向前后展出，两掌心向外，掌指向上，左掌在前，右掌在后；目视左掌。（图52）

动作不停，左脚落于右脚前半步，两脚踉地，身体向右转270度，速抬右腿向右侧蹬踢；两掌在转体的同时收回胸前，交合后向左右两侧展出，掌心向外，掌指向上；目视右掌。（图53）

动作不停，右脚在身体右侧一步落地，两脚踝地，身体向右转90度，速抬左腿向前弹踢；左掌由后向前推击，掌心向前，掌指向上，右掌变勾手后架于右后上方，勾尖向下；目视左脚前方。（图54）

图 52

图 53

图 54

37.二起脚

左脚不落地，速抬右腿向前弹踢；右勾手变掌由后向前推击，掌心斜向前，掌指向上，左掌变勾手甩于左侧后上方，勾尖向下；目视右脚前方。（图55）

动作不停，左脚落地，右脚在左脚前半步落地，速抬左腿向前方蹬踢；左勾手变掌，两臂屈肘，两掌收回在胸前交合后，屈肘展于身体左右两侧上方，掌心向前，掌指向上；目视左脚。（图56）

动作不停，左脚不落地，右腿迅速向前上方弹踢；当全身腾空时，速出右掌拍击右脚面，左掌变勾手后架于左侧后上方，勾尖向下；目视右脚。（图57）

图 55

图 56

图 57

38.金鸡残穴

两脚前后落地，速抬左腿成独立势；右掌和左勾手变成鸡嘴指，由胸前屈肘画弧后向前方点插，右手在前，左手在后，两手指尖向前，手心向下；目视右指前方。（图58）

39.海底偷桃

左脚在右脚后一步落地，两脚踝地，身体向左转180度，左腿屈膝成左弓步；两手变掌，右掌由后向前下方穿击，掌心向下，掌指斜向前，左掌上挑于头上左侧，掌心向上，掌指斜向右；目视前方。（图59）

图 58

图 59

40.勒马按拳

两脚踝地，身体向右转90度，两腿屈膝成马步；两掌变拳，左拳收于左肋侧再迅速冲向左侧，拳心向下，右拳收回护于右腹前，拳心向上；目视左拳。（图60）

41.探海取珠

两脚蹍地，身体向左转90度，两脚向前跳一步落地成左弓步；两拳变掌，在跳步的同时由后向前上方挑撩，然后右掌向前下方抓击，掌心向前，掌指向上，左掌盖压于右前臂上，掌心向下，掌指向右；目视两掌。（图61）

图 60

图 61

42.摆莲回身插掌

两脚不动；左掌向前猛力推击，掌心向前，掌指向上，右掌变拳收回，屈肘护于右肋前侧，拳心向上；目视左掌。（图62）

动作不停，两脚蹍地，弹跳旋摆，右脚向右弹摆，身体向右转360度；当全身腾空时，出两掌由右向左拍击右脚面；目视右脚。（图63）

动作不停，左脚落地，右脚落于左脚后一步，两脚蹍地，向右转体180度，屈膝成右弓步；两掌下落在胸前相遇后，右掌上架于右上方，掌心向前，掌指斜向上，左掌插于右侧中下方，掌心向右，

掌指斜向下；目视前方。（图64）

图 62

图 63

图 64

43.左右甩袖

右脚向后方撤一步，左脚向右脚前移步，成左虚步；两臂屈肘，两掌向左甩展，左掌上架于头上左侧，掌心向上，掌指向右，右掌展于左肋下，掌心向左，掌指向上；目视前方。（图65）

动作不停，左脚后撤半步，右脚移于左脚前，成右虚步；两臂

屈肘，两掌向右甩摆，右掌架于头上右侧，掌心向外，掌指向上，左掌展于右肋旁，掌心向右，掌指向上；目视前方。（图66）

动作不停，右脚后撤半步，左脚移于右脚前，成左虚步；两臂再屈肘，两掌向左甩摆，左掌架于头上左侧，掌心向上，掌指向右，右掌展于左肋旁，掌心向左，掌指向上；目视前方。（图67）

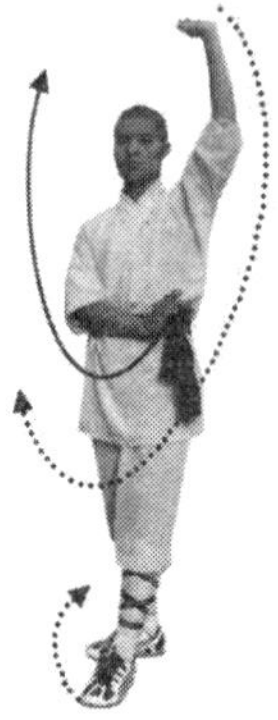
图 65

图 66

图 67

44.罗汉十字手

左脚后撤与右脚并步站立；两掌上展，由两侧向下画弧上抱于胸前交叉，成十字手，左掌在内，右掌在外，两掌心向内，掌指斜向上；目视前方。（图68）

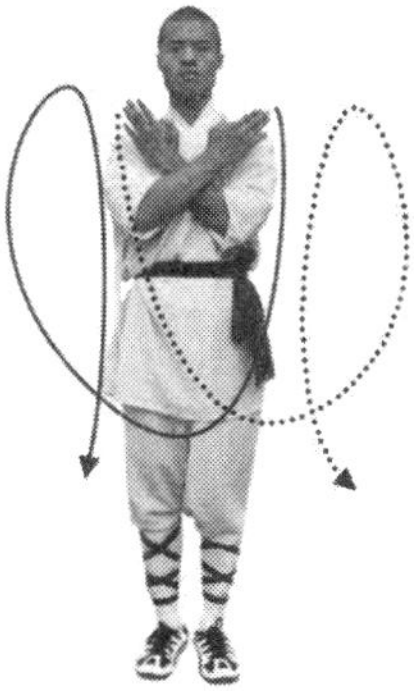

图 68

收 势

两脚原地不动；两掌由胸前向下向外再向上画弧，然后下落于两胯外侧，掌心向内，掌指向下；目视正前方。（图69）

图 69